01/01/2021

MON GUIDE PROJET

Chemin balisé pour réussir mon projet

DOUANDJI Alexis

TITRE DU PROJET

....

....

PREAMBULE

Il est très souvent difficile de débuter un projet. Ceci est souvent dû au fait que 90% des projets sont emprisonnés dans nos consciences et parfois y purgent une peine vouée à la mort. Passer à l'action est le premier pas nécessaire et indispensable pour voir se concrétiser un projet.

La rédaction du projet est une action décisive qui offre une chance de concrétisation. Mon guide projet est un chemin balisé qui a été édité pour permettre aux entrepreneurs de faire le premier pas important vers la cristallisation de leur projet. Il a été élaboré de la façon la plus simple pour permettre à tous une meilleure utilisation.

Ce document s'adresse à tous ceux qui envisage des projets de toute nature, à court ou à long terme. Il doit être le compagnon de tous les jours et se révèlera à vous comme un gage certain de réussite de votre projet.

Merci de le choisir ou de l'avoir choisit comme guide. Merci aussi de nous aider à l'améliorer sur la base de vos suggestions à l'adresse suivante : alexis.douandji@gmail.com.

MON GUIDE PROJET

C'est un document de rédaction et de planification de projet. Il est constitué de question à répondre et de tableau à remplir pour aider les acteurs du projet à mieux cerner les contours de leur projet et surtout des actions à mener pour atteindre des objectifs. Il s'appuie sur un ensemble de principes et normes de gestion de projet.

L'utilisateur pourra à l'aide de ce carnet piloter son projet de façon spécifique pour être plus efficient.

1 . DESCRIPTION DU PROJET (Décrire le projet en le situant dans son contexte historique et actuel)

....

....

....

....

....

....

....

....

....

....

....

....

....

....

....

....

....

2. OBJECTIF GENERAL (Quel problème voulez-vous résoudre ? quel est votre but ? pourquoi la raison de ce projet ?)

....

....

....

....

....

....

....

....

3. OBJECTIFS SPECIFIQUES (Définissez les objectifs SMART : simple, mesurable, atteignable, réaliste et temporel. **Ex : conquérir 25 clients en 30 jours**)

a) ....

b) ....

c)...

d)...

e) ....

4. **PUBLIC CIBLE** (Identifier vos potentiels clients. Qui sera intéressé par votre projet ? a qui servira-t-il ?)

N°	CATEGORIE SOCIO PROFESSIONNEL	CLASSE SOCIAL	CORPS DE METIER	SITUATION GEOGRAPHIQUE
1				
2				
3				

5. **MOYEN MATERIEL** (Quel matériel avez-vous pour commencer votre projet ?)

N°	DESIGNATION (voiture ? ordinateur ? imprimante, papier, logiciel ; etc...)	ETAT (neuf ou occasion ?)	SITUATION (disponible ? en cours d'acquisition ? etc...)	OBSERVATIONS (autres informations complémentaires)
1				
2				
3				
4				
5				
6				
7				
8				
9				
10				
11				
12				
13				
14				

6. **MOYEN HUMAIN** (Quel est votre personnel de départ pour démarrer le projet ?)

N°	Noms	Profession	Fonction dans le projet	Disponibilité	Adresse et numéro de téléphone	Observations
1						
2						
3						
4						
5						

7. MOYEN FINANCIER DE BASE (Quelles sont vos sources de financement du projet ?)

N°	Noms	Profession	Fonction dans le projet	Source de revenu	Nature de l'apport	Estimé de l'apport	Observations
1							
2							
3							
4							
5							

8. IDENTIFICATION DES TACHES (Pour chaque objectif défini, vous devez déterminer les taches ou actions nécessaires à l'accomplissement de l'objectif)

<u>**Objectif spécifique 1**</u>

....

<u>**Tâche 1**</u>

....

<u>**Tâche 2**</u>

....

<u>**Tâche 3**</u>

....

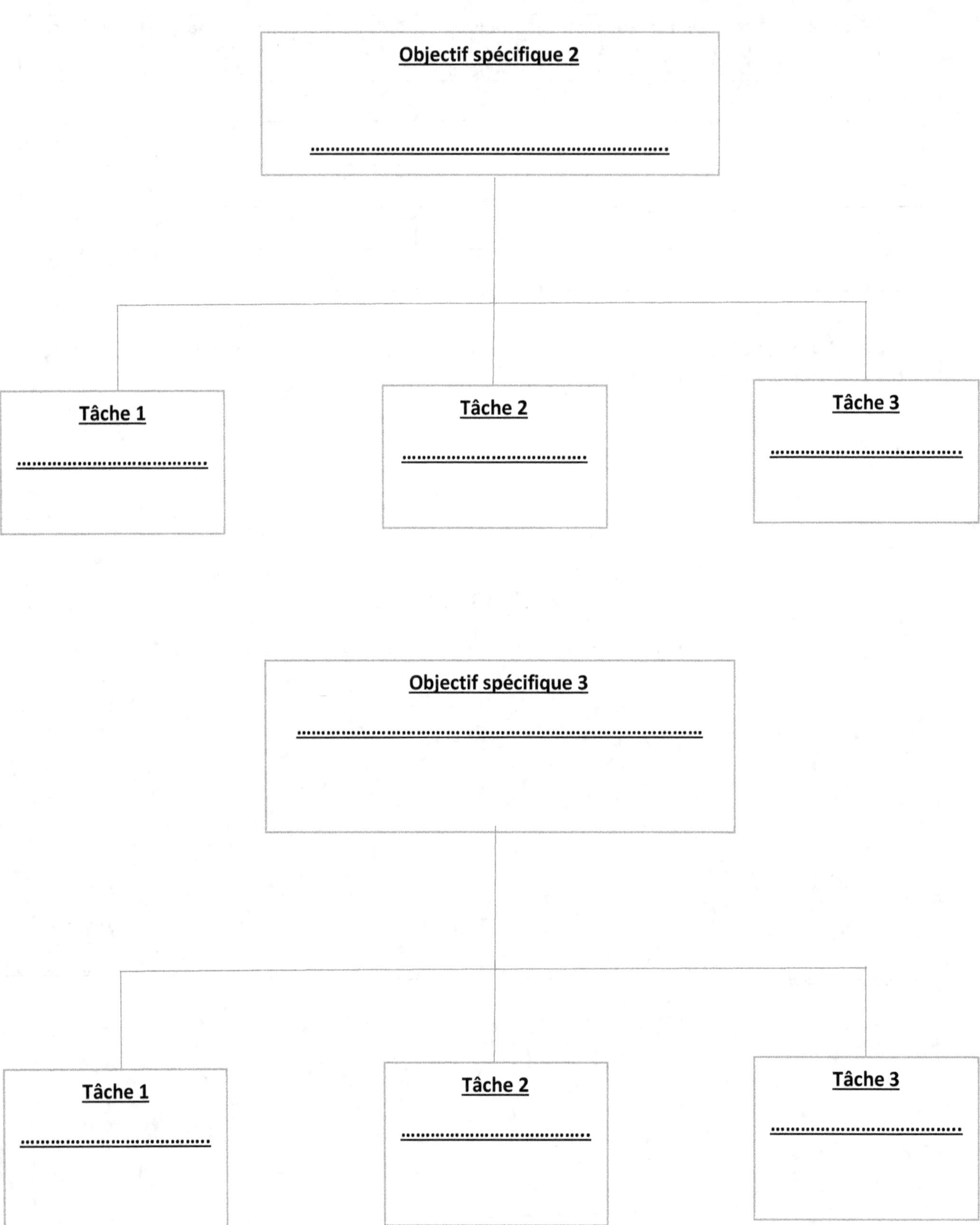

Objectif spécifique 2
....
Tâche 1
....
Tâche 2
....
Tâche 3
....
Objectif spécifique 3
....
Tâche 1
....
Tâche 2
....
Tâche 3
....

Objectif spécifique 4

....

Tâche 1

....

Tâche 2

....

Tâche 3

....

Objectif spécifique 5

....

Tâche 1

....

Tâche 2

....

Tâche 3

....

9. **CHRONOGRAMME DES ACTIVITES** (identifier les contours de chaque tache, les risques, les coûts et les actions prioritaires pour mieux gérer votre temps et vos actions.)

DATE:...../......./.........

<u>**OBJECTIF SPECIFIQUE N°......:**</u>

<u>**TACHE N°.........:**</u>

     Date de début :   ..../......../......./

     Date de fin :   ..../......../......./

<u>**RESSOURCES ET FOURNISSEURS :**</u>

N°	Désignations	Noms	Adresses
1			
2			
3			
4			

<u>**IDENTIFICATION DES RISQUES:**</u>

N°	Nature du risque	Niveau du risque	Actions éventuelles
1			
2			
3			

<u>**PRIORISATION DES ACTIONS :**</u>

N°	Action peu importante et urgent	Action très important et très urgent
1		
2		
3		
N°	Action pas urgent et pas important	Action pas urgent et très important
1		
2		
3		

<u>**RECOMMANDATIONS :**</u>

1- ....

2- ....

3- ....

4- ....

Sau					
OBJECTIF SPECIFIQUE N°........:			**TACHE** N°..........:		
	Désignation	Quantité Total	Unité		Durée de la tâche/jr
RESSOURCES	**CATEGORIE**	Salaire journalier	Jours facturés	Quantité	Montant
			TOTAL A		
LOGISTIQUES	**Type**	Prix Unitaire	jours facturés		Montant
			TOTAL B		
FOURNITURES	**Type**	Prix unitaire	Consommation		Montant
	TOTAL C				
D	*Total coût direct*		A + B + C		
E	*Imprévus*	15%	Dx15%		
F	Prix de Revient TOTAL		D+E		

DATE:..../......../.........

<u>OBJECTIF SPECIFIQUE N°......:</u>

<u>TACHE N°.........:</u>

      Date de début :   ..../........./........./

      Date de fin :   ..../........./........./

<u>RESSOURCES ET FOURNISSEURS :</u>

N°	Désignations	Noms	Adresses
1			
2			
3			
4			

<u>IDENTIFICATION DES RISQUES :</u>

N°	Nature du risque	Niveau du risque	Actions éventuelles
1			
2			
3			

<u>PRIORISATION DES ACTIONS :</u>

N°	Action peu importante et urgent	Action très important et très urgent
1		
2		
3		
	Action pas urgent et pas important	Action pas urgent et très important
1		
2		
3		

<u>RECOMMANDATIONS :</u>

1- ....

2- ....

3- ....

4- ....

ESTIMATION DE LA TACHE				
OBJECTIF SPECIFIQUE N°........:		TACHE N°........:		
	Désignation	Quantité Total	Unité		Durée de la tâche/jr

RESSOURCES	CATEGORIE	Salaire journalier	Jours facturés	Quantité	Montant
			TOTAL A		

LOGISTIQUES	Type	Prix Unitaire	jours facturés		Montant
			TOTAL B		

FOURNITURES	Type	Prix unitaire	Consommation		Montant
		TOTAL C			
D	Total coût direct		A + B + C		
E	Imprévus	15%	Dx15%		
F	Prix de Revient TOTAL		D+E		

DATE:...../......../.........

<u>OBJECTIF SPECIFIQUE N°......:</u>

<u>TACHE N°.........:</u>

        Date de début :   ..../......../......./

        Date de fin :   ..../......../......./

<u>RESSOURCES ET FOURNISSEURS :</u>

N°	Désignations	Noms	Adresses
1			
2			
3			
4			

<u>IDENTIFICATION DES RISQUES:</u>

N°	Nature du risque	Niveau du risque	Actions éventuelles
1			
2			
3			

<u>PRIORISATION DES ACTIONS:</u>

N°	Action peu importante et urgent	Action très important et très urgent
1		
2		
3		
	Action pas urgent et pas important	**Action pas urgent et très important**
1		
2		
3		

<u>RECOMMANDATIONS :</u>

1- ....
2- ....
3- ....
4- ....

ESTIMATION DE LA TACHE				

OBJECTIF SPECIFIQUE
N°…….:……………………………………   TACHE N°…….:…………………………………..

	Désignation	Quantité Total	Unité		Durée de la tâche/jr
RESSOURCES	**CATEGORIE**	Salaire journalier	Jours facturés	Quantité	Montant
			TOTAL A		
LOGISTIQUES	**Type**	Prix Unitaire	jours facturés		Montant
			TOTAL B		
FOURNITURES	**Type**	Prix unitaire	Consommation		Montant
	TOTAL C				
D	*Total coût direct*		A + B + C		
E	*Imprévus*	15%	Dx15%		
F	Prix de Revient TOTAL		D+E		

DATE:..../......../.........

OBJECTIF SPECIFIQUE N°......:

TACHE N°.........:

       Date de début : ..../........./........./

       Date de fin : ..../........./........./

RESSOURCES ET FOURNISSEURS :

N°	Désignations	Noms	Adresses
1			
2			
3			
4			

IDENTIFICATION DES RISQUES:

N°	Nature du risque	Niveau du risque	Actions éventuelles
1			
2			
3			

PRIORISATION DES ACTIONS:

N°	Action peu importante et urgent	Action très important et très urgent
1		
2		
3		
	Action pas urgent et pas important	Action pas urgent et très important
1		
2		
3		

RECOMMANDATIONS :

1- ....

2- ....

3- ....

4- ....

ESTIMATION DE LA TACHE				
OBJECTIF SPECIFIQUE N°........:...............................		TACHE N°........:...............................		
	Désignation	Quantité Total	Unité		Durée de la tâche/jr
RESSOURCES	**CATEGORIE**	Salaire journalier	Jours facturés	Quantité	Montant
			TOTAL A		
LOGISTIQUES	**Type**	Prix Unitaire	jours facturés		Montant
			TOTAL B		
FOURNITURES	**Type**	Prix unitaire	Consommation		Montant
		TOTAL C			
D	*Total coût direct*		A + B + C		
E	*Imprévus*	15%	Dx15%		
F	Prix de Revient TOTAL		D+E		

DATE:...../......../.........

<u>OBJECTIF SPECIFIQUE N°</u>......:

<u>TACHE N°</u>........:

       Date de début :   ..../......../......../

       Date de fin :   ..../......../......../

<u>RESSOURCES ET FOURNISSEURS :</u>

N°	Désignations	Noms	Adresses
1			
2			
3			
4			

<u>IDENTIFICATION DES RISQUES:</u>

N°	Nature du risque	Niveau du risque	Actions éventuelles
1			
2			
3			

<u>PRIORISATION DES ACTIONS:</u>

N°	Action peu importante et urgent	Action très important et très urgent
1		
2		
3		
	Action pas urgent et pas important	**Action pas urgent et très important**
1		
2		
3		

<u>RECOMMANDATIONS :</u>

1- ....
2- ....
3- ....
4- ....

ESTIMATION DE LA TACHE				
OBJECTIF SPECIFIQUE N°.......:...		TACHE N°.......:...............................		
	Désignation	Quantité Total	Unité		Durée de la tâche/jr
RESSOURCES	**CATEGORIE**	Salaire journalier	Jours facturés	Quantité	Montant
			TOTAL A		
LOGISTIQUES	**Type**	Prix Unitaire	jours facturés		Montant
			TOTAL B		
FOURNITURES	**Type**	Prix unitaire	Consommation		Montant
	TOTAL C				
D	*Total coût direct*		A + B + C		
E	*Imprévus*	15%	Dx15%		
F	Prix de Revient TOTAL		D+E		

DATE:..../......../.........

<u>**OBJECTIF SPECIFIQUE N°......:**</u>

<u>**TACHE N°.........:**</u>

        Date de début :   ..../......../......../

        Date de fin :   ..../......../......../

<u>**RESSOURCES ET FOURNISSEURS :**</u>

N°	Désignations	Noms	Adresses
1			
2			
3			
4			

<u>**IDENTIFICATION DES RISQUES:**</u>

N°	Nature du risque	Niveau du risque	Actions éventuelles
1			
2			
3			

<u>**PRIORISATION DES ACTIONS:**</u>

N°	Action peu importante et urgent	Action très important et très urgent
1		
2		
3		
N°	Action pas urgent et pas important	Action pas urgent et très important
1		
2		
3		

<u>**RECOMMANDATIONS :**</u>

1- ....

2- ....

3- ....

4- ....

ESTIMATION DE LA TACHE				
OBJECTIF SPECIFIQUE N°......:..............................		TACHE N°......:..............................		
	Désignation	Quantité Total	Unité		Durée de la tâche/jr
RESSOURCES	**CATEGORIE**	Salaire journalier	Jours facturés	Quantité	Montant
			TOTAL A		
LOGISTIQUES	**Type**	Prix Unitaire	jours facturés		Montant
			TOTAL B		
FOURNITURES	**Type**	Prix unitaire	Consommation		Montant
	TOTAL C				
D	*Total coût direct*		A + B + C		
E	*Imprévus*	15%	Dx15%		
F	**Prix de Revient TOTAL**		D+E		

DATE:..../......./.........

<u>**OBJECTIF SPECIFIQUE N°......:**</u>

<u>**TACHE N°.........:**</u>

       Date de début :   ..../......./......./

       Date de fin :   ..../......./......./

<u>**RESSOURCES ET FOURNISSEURS :**</u>

N°	Désignations	Noms	Adresses
1			
2			
3			
4			

<u>**IDENTIFICATION DES RISQUES:**</u>

N°	Nature du risque	Niveau du risque	Actions éventuelles
1			
2			
3			

<u>**PRIORISATION DES ACTIONS:**</u>

N°	Action peu importante et urgent	Action très important et très urgent
1		
2		
3		
	Action pas urgent et pas important	Action pas urgent et très important
1		
2		
3		

<u>**RECOMMANDATIONS :**</u>

1- ....

2- ....

3- ....

4- ....

ESTIMATION DE LA TACHE					
OBJECTIF SPECIFIQUE N°………: ……………………………………			TACHE N°……: ………………………………		
	Désignation	Quantité Total	Unité		Durée de la tâche/jr
RESSOURCES	**CATEGORIE**	Salaire journalier	Jours facturés	Quantité	Montant
			TOTAL A		
LOGISTIQUES	**Type**	Prix Unitaire	jours facturés		Montant
			TOTAL B		
FOURNITURES	**Type**	Prix unitaire	Consommation		Montant
		TOTAL C			
D	*Total coût direct*		*A + B + C*		
E	*Imprévus*	15%	*Dx15%*		
F	**Prix de Revient TOTAL**		D+E		

DATE:..../......../..........

OBJECTIF SPECIFIQUE N°......:

TACHE N°........:

       Date de début :   ..../......../......../

       Date de fin :   ..../......../......../

RESSOURCES ET FOURNISSEURS :

N°	Désignations	Noms	Adresses
1			
2			
3			
4			

IDENTIFICATION DES RISQUES:

N°	Nature du risque	Niveau du risque	Actions éventuelles
1			
2			
3			

PRIORISATION DES ACTIONS:

N°	Action peu importante et urgent	Action très important et très urgent
1		
2		
3		
	Action pas urgent et pas important	Action pas urgent et très important
1		
2		
3		

RECOMMANDATIONS :

1- ....

2- ....

3- ....

4- ....

ESTIMATION DE LA TACHE

OBJECTIF SPECIFIQUE
N°……..: …………………………………………………

TACHE N°……..: …………………………………………

	Désignation	Quantité Total	Unité		Durée de la tâche/jr
RESSOURCES	**CATEGORIE**	Salaire journalier	Jours facturés	Quantité	Montant
			TOTAL A		
LOGISTIQUES	**Type**	Prix Unitaire	jours facturés		Montant
			TOTAL B		
FOURNITURES	**Type**	Prix unitaire	Consommation		Montant
			TOTAL C		
D	*Total coût direct*		A + B + C		
E	*Imprévus*	15%	Dx15%		
F	**Prix de Revient TOTAL**		D+E		

DATE:...../......../..........

OBJECTIF SPECIFIQUE N°......:

TACHE N°.........:

        Date de début :   ..../......../......../

        Date de fin :   ..../......../......../

RESSOURCES ET FOURNISSEURS :

N°	Désignations	Noms	Adresses
1			
2			
3			
4			

IDENTIFICATION DES RISQUES:

N°	Nature du risque	Niveau du risque	Actions éventuelles
1			
2			
3			

PRIORISATION DES ACTIONS:

N°	Action peu importante et urgent	Action très important et très urgent
1		
2		
3		
	Action pas urgent et pas important	**Action pas urgent et très important**
1		
2		
3		

RECOMMANDATIONS :

1- ....

2- ....

3- ....

4- ....

ESTIMATION DE LA TACHE

OBJECTIF SPECIFIQUE
N°…….:…………………………………………………………

TACHE N°…….:……………………………………

	Désignation	Quantité Total	Unité		Durée de la tâche/jr
RESSOURCES	**CATEGORIE**	Salaire journalier	Jours facturés	Quantité	Montant
			TOTAL A		
LOGISTIQUES	**Type**	Prix Unitaire	jours facturés		Montant
			TOTAL B		
FOURNITURES	**Type**	Prix unitaire	Consommation		Montant
		TOTAL C			
D	*Total coût direct*		A + B + C		
E	*Imprévus*	15%	Dx15%		
F	Prix de Revient TOTAL		D+E		

DATE:..../......../.........

<u>OBJECTIF SPECIFIQUE N°</u>......:

<u>TACHE N°</u>.........:

      Date de début :   ..../........./........./

      Date de fin :   ..../........./........./

<u>RESSOURCES ET FOURNISSEURS :</u>

N°	Désignations	Noms	Adresses
1			
2			
3			
4			

<u>IDENTIFICATION DES RISQUES:</u>

N°	Nature du risque	Niveau du risque	Actions éventuelles
1			
2			
3			

<u>PRIORISATION DES ACTIONS:</u>

N°	Action peu importante et urgent	Action très important et très urgent
1		
2		
3		
N°	Action pas urgent et pas important	Action pas urgent et très important
1		
2		
3		

<u>RECOMMANDATIONS :</u>

1- ....
2- ....
3- ....
4- ....

ESTIMATION DE LA TACHE					
OBJECTIF SPECIFIQUE N°......:............................			TACHE N°......:...............................		
	Désignation	Quantité Total	Unité		Durée de la tâche/jr
RESSOURCES	**CATEGORIE**	Salaire journalier	Jours facturés	Quantité	Montant
			TOTAL A		
LOGISTIQUES	**Type**	Prix Unitaire	jours facturés		Montant
			TOTAL B		
FOURNITURES	**Type**	Prix unitaire	Consommation		Montant
		TOTAL C			
D	*Total coût direct*		A + B + C		
E	*Imprévus*	15%	Dx15%		
F	**Prix de Revient TOTAL**		D+E		

DATE:..../......./.........

OBJECTIF SPECIFIQUE N°......:

TACHE N°.........:

        Date de début :   ..../......./......./

        Date de fin :   ..../......./......./

RESSOURCES ET FOURNISSEURS :

N°	Désignations	Noms	Adresses
1			
2			
3			
4			

IDENTIFICATION DES RISQUES:

N°	Nature du risque	Niveau du risque	Actions éventuelles
1			
2			
3			

PRIORISATION DES ACTIONS:

N°	Action peu importante et urgent	Action très important et très urgent
1		
2		
3		
	Action pas urgent et pas important	**Action pas urgent et très important**
1		
2		
3		

RECOMMANDATIONS :

1- ....

2- ....

3- ....

4- ....

ESTIMATION DE LA TACHE				
OBJECTIF SPECIFIQUE N°........:			TACHE N°........:	
	Désignation	Quantité Total	Unité		Durée de la tâche/jr
RESSOURCES	**CATEGORIE**	Salaire journalier	Jours facturés	Quantité	Montant
			TOTAL A		
LOGISTIQUES	**Type**	Prix Unitaire	jours facturés		Montant
			TOTAL B		
FOURNITURES	**Type**	Prix unitaire	Consommation		Montant
		TOTAL C			
D	*Total coût direct*		*A + B + C*		
E	*Imprévus*	15%	*Dx15%*		
F	*Prix de Revient TOTAL*		*D+E*		

DATE:..../......./.........

OBJECTIF SPECIFIQUE N°......:

TACHE N°.........:

Date de début :   ..../......../......../

Date de fin :   ..../......../......../

RESSOURCES ET FOURNISSEURS :

N°	Désignations	Noms	Adresses
1			
2			
3			
4			

IDENTIFICATION DES RISQUES:

N°	Nature du risque	Niveau du risque	Actions éventuelles
1			
2			
3			

PRIORISATION DES ACTIONS:

N°	Action peu importante et urgent	Action très important et très urgent
1		
2		
3		
	Action pas urgent et pas important	Action pas urgent et très important
1		
2		
3		

RECOMMANDATIONS :

1-   ....
2-   ....
3-   ....
4-   ....

ESTIMATION DE LA TACHE					
OBJECTIF SPECIFIQUE N°........:			TACHE N°........:		
	Désignation	Quantité Total	Unité		Durée de la tâche/jr
RESSOURCES	**CATEGORIE**	Salaire journalier	Jours facturés	Quantité	Montant
			TOTAL A		
LOGISTIQUES	**Type**	Prix Unitaire	jours facturés		Montant
			TOTAL B		
FOURNITURES	**Type**	Prix unitaire	Consommation		Montant
		TOTAL C			
D	*Total coût direct*		A + B + C		
E	*Imprévus*	15%	Dx15%		
F	Prix de Revient TOTAL		D+E		

DATE:...../......../.........

<u>OBJECTIF SPECIFIQUE N°......:</u>

<u>TACHE N°........:</u>

       Date de début : ..../......../......./

       Date de fin : ..../......../......./

<u>RESSOURCES ET FOURNISSEURS :</u>

N°	Désignations	Noms	Adresses
1			
2			
3			
4			

<u>IDENTIFICATION DES RISQUES:</u>

N°	Nature du risque	Niveau du risque	Actions éventuelles
1			
2			
3			

<u>PRIORISATION DES ACTIONS:</u>

N°	Action peu importante et urgent	Action très important et très urgent
1		
2		
3		
	Action pas urgent et pas important	Action pas urgent et très important
1		
2		
3		

<u>RECOMMANDATIONS :</u>

1- ....
2- ....
3- ....
4- ....

ESTIMATION DE LA TACHE					
OBJECTIF SPECIFIQUE N°……:…			TACHE N°……:…		
	Désignation	Quantité Total	Unité		Durée de la tâche/jr
RESSOURCES	CATEGORIE	Salaire journalier	Jours facturés	Quantité	Montant
			TOTAL A		
LOGISTIQUES	Type	Prix Unitaire	jours facturés		Montant
			TOTAL B		
FOURNITURES	Type	Prix unitaire	Consommation		Montant
		TOTAL C			
D	Total coût direct		A + B + C		
E	Imprévus	15%	Dx15%		
F	Prix de Revient TOTAL		D+E		

<u>**OBJECTIF SPECIFIQUE N°…..:**</u>

<u>**TACHE N°………:**</u>
Date de début :   ……../……../……../
Date de fin :   ……../……../……..:/

<u>**RESSOURCES ET FOURNISSEURS :**</u>

N°	Désignations	Noms	Adresses
1			
2			
3			
4			

<u>**IDENTIFICATION DES RISQUES:**</u>

N°	Nature du risque	Niveau du risque	Actions éventuelles
1			
2			
3			

<u>**PRIORISATION DES ACTIONS:**</u>

N°	Action peu importante et urgent	Action très important et très urgent
1		
2		
3		
	Action pas urgent et pas important	Action pas urgent et très important
1		
2		
3		

<u>**RECOMMANDATIONS :**</u>

1- ……
2- ……
3- ……
4- ……

ESTIMATION DE LA TACHE					
OBJECTIF SPECIFIQUE N°……..:…………………………………..			TACHE N°……..:…………………………….		
	Désignation	Quantité Total	Unité		Durée de la tâche/jr
RESSOURCES	**CATEGORIE**	Salaire journalier	Jours facturés	Quantité	Montant
			TOTAL A		
LOGISTIQUES	**Type**	Prix Unitaire	jours facturés		Montant
			TOTAL B		
FOURNITURES	**Type**	Prix unitaire	Consommation		Montant
	TOTAL C				
D	*Total coût direct*		A + B + C		
E	*Imprévus*	15%	Dx15%		
F	Prix de Revient TOTAL		D+E		

<u>**OBJECTIF SPECIFIQUE N°......:**</u>

<u>**TACHE N°.........:**</u>

        Date de début :   ..../......../......../

        Date de fin :   ..../......../......../

<u>**RESSOURCES ET FOURNISSEURS :**</u>

N°	Désignations	Noms	Adresses
1			
2			
3			
4			

<u>**IDENTIFICATION DES RISQUES:**</u>

N°	Nature du risque	Niveau du risque	Actions éventuelles
1			
2			
3			

<u>**PRIORISATION DES ACTIONS:**</u>

N°	Action peu importante et urgent	Action très important et très urgent
1		
2		
3		

N°	Action pas urgent et pas important	Action pas urgent et très important
1		
2		
3		

<u>**RECOMMANDATIONS :**</u>

1- ....
2- ....
3- ....
4- ....

ESTIMATION DE LA TACHE					
OBJECTIF SPECIFIQUE N°........:..			TACHE N°........:.............................		
	Désignation	Quantité Total	Unité		Durée de la tâche/jr.
RESSOURCES	**CATEGORIE**	Salaire journalier	Jours facturés	Quantité	Montant
			TOTAL A		
LOGISTIQUES	**Type**	Prix Unitaire	jours facturés		Montant
			TOTAL B		
FOURNITURES	**Type**	Prix unitaire	Consommation		Montant
	TOTAL C				
D	*Total coût direct*		A + B + C		
E	*Imprévus*	15%	Dx15%		
F	**Prix de Revient TOTAL**		D+E		

10. EVALUATION DU COÛT DU PROJET (Sur la base des coûts de chaque tâche, vous pouvez avoir une idée du cout global de votre projet)

N°	DESIGNATIONS	COÛT
	OBJECTIF SPECIFIQUE N°……	
1	TACHE N°……: ………………………………………………	
2	TACHE N°……: ………………………………………………	
3	TACHE N°……: ………………………………………………	
A	**TOTAL OBDJECTIF SPECIFIQUE A**	
	OBJECTIF SPECIFIQUE N°……	
1	TACHE N°……: ………………………………………………	
2	TACHE N°……: ………………………………………………	
3	TACHE N°……: ………………………………………………	
B	**TOTAL OBDJECTIF SPECIFIQUE B**	
	OBJECTIF SPECIFIQUE N°……	
1	TACHE N°……: ………………………………………………	
2	TACHE N°……: ………………………………………………	
3	TACHE N°……: ………………………………………………	
C	**TOTAL OBDJECTIF SPECIFIQUE C**	
	OBJECTIF SPECIFIQUE N°……	
1	TACHE 1	
2	TACHE 2	
3	TACHE 3	
D	**TOTAL OBDJECTIF SPECIFIQUE D**	
	OBJECTIF SPECIFIQUE 5	
1	TACHE N°……: ………………………………………………	
2	TACHE N°……: ………………………………………………	
3	TACHE N°……: ………………………………………………	
E	**TOTAL OBDJECTIF SPECIFIQUE E**	

COUT TOTAL PROJET A+B+C+D+E	

11. EVALUATION DU PROJET (nous allons dans cette partie et sur la base des coûts de chaque tâche évaluer le niveau d'avancement du projet. Le pourcentage trouvé peut ne pas traduire exactement le niveau d'avancement du projet. Cependant, il donne une idée, une tendance de l'évolution de votre projet.)

N°	DESIGNATION	A : COUT ESTIME	B : COUT REEL	%(B/A)	OBSEVATIONS
1					
2					
3					
4					
5					
6					
7					
8					
9					
10					
11					
12					
13					
14					
15					

TOTAL : ΣA ΣB

ΣA : COUT TOTAL ESTIME DU PROJET :

ΣB : COUT TOTAL REEL DU PROJET :

$\Sigma B / \Sigma A$: TAUX DE REUSSITE DU PROJET :

12.NOTES

Avis sur le déroulement de votre projet :..DOUANDJI...

....
....
....
....
....
....
....
....
....
....

Vos acquis :...

....
....
....
....
....
....
....

Vos difficultés rencontrées :..

....
....
....
....
....
....
....

Vos recommandations ou résolutions :..

....
....
....
....
....
....

www.ingramcontent.com/pod-product-compliance
Lightning Source LLC
Chambersburg PA
CBHW081403160726

48000CB00010B/3463